T0145602

ΕΝ ΟΛΙΓΟΙΣ

ΑΘΗΝΑ 2008

Μακέτα εξωφύλλου: Γιάννης Κορναράκης

© 2008 ΕΚΔΟΣΕΙΣ ΚΑΠΟΝ - ΓΙΑΝΝΗΣ Χ. ΠΑΠΑΪΩΑΝΝΟΥ
ΕΚΔΟΣΕΙΣ ΚΑΠΟΝ
Μακρυγιάννη 23-27, Αθήνα 117 42, Τηλ./Fax: 210.9235 098
www.kaponeditions.gr   e-mail: kapon_ed@otenet.gr

ISBN: 978-960-6878-05-3

ΓΙΑΝΝΗΣ Χ. ΠΑΠΑΪΩΑΝΝΟΥ

ΕΝ ΟΛΙΓΟΙΣ

ΕΚΔΟΣΕΙΣ ΚΑΠΟΝ

ΠΡΟΕΠΙΛΟΓΟΣ

Σχολιάζοντας την παιδιόθεν αδυναμία που έτρεφα γι' αυτό το είδος αφαιρετικής διατύπωσης, η μάνα μου με προειδοποιούσε με τη γαλλική ρήση πως «Όποιος τρέχει πίσω από το πνεύμα, τσακώνει την ανοησία».

Τα χρόνια πέρασαν κι εγώ, απτόητος, κατέγραφα τις φλασιές που έρχονταν σαν ένα είδος αιφνιδιαστικής επίθεσης παρτιζάνων στο νυχτωμένο στρατόπεδο του μυαλού μου. Έτσι, το Φεβρουάριο του 1978 δημοσίευσα στην εφημερίδα «Διαμαρτυρία» τη *Συμβολή στη δημιουργία επεξηγηματικού λεξικού της Νεοελληνικής*. Το 1981, στην ίδια εφημερίδα, συνέχισα με τις *Ασκήσεις αφαιρετικού λογισμού* –και έκτοτε δεν έπαψα να καταγράφω τις γλυκόπικρες και συχνά αντιφατικές παρατηρήσεις μου πάνω στα ανθρώπινα.

Η παρούσα έκδοση δεν κομίζει γλαύκα στο κλουβί της σοφίας. Απλά προστίθεται στο τεράστιο Corpus των μελλοντικά αδιάβαστων βιβλίων, με πλήρη επίγνωση των κινδύνων που ελλοχεύουν στους καλαμιώνες της διανοητικής αυταρέσκειας.

Γ. Χ. Π.

1

Έρωτας είναι η δυνατότητα υπέρβασης του εαυτού μας
μέσα από τον περιορισμό του εγώ μας.

2

Το μέγα μυστικό στον έρωτα
είναι να μην τον λεηλατείς από τα μυστικά του.

3

Είναι φοβερά εξουθενωτικό
που ο έρωτας παραμένει ακαταμάχητος
ακόμη και σε καιρό ειρήνης.

4

Αυτό που συντηρεί το μύθο για τον έρωτα
είναι οι ανεκπλήρωτοι έρωτες.

5
Ο έρωτας τρέφεται από αυτά που στερείται.

6
Παλαιότερα τους μεγάλους έρωτες εχώριζεν ο θάνατος.
Σήμερα τους χωρίζει η ζωή.

7
Ο έρωτας μάς παρακινεί σε ενδιαφέροντα
που παύουν να μας ενδιαφέρουν μόλις τον αποκτήσουμε.

8
Οι περισσότερες αδιέξοδες καταστάσεις στον έρωτα
προκύπτουν όταν κάποιος συνειδητοποιήσει
πως του προσφέρονται όλα όσα ζήτησε,
χωρίς να είναι σε θέση να τα αντέξει.

9

Ο δυσκολότερος ρόλος που μπορεί να ζητηθεί σ' έναν εραστή
είναι εκείνος του συνανθρώπου.

10

Η ένταση του έρωτα ανάμεσα σε δύο ανθρώπους
είναι ευθέως ανάλογη με την απόσταση που τους χωρίζει.

11

Δεν είναι τυχαίο
που οι κήρυκες της αγάπης προς τον πλησίον
έζησαν, ως επί το πλείστον, στην έρημο.

12

Είναι δύσκολο να νιώσουμε κοντά μας κάποιον
που δεν ξέρει να τηρεί τις αποστάσεις.

13

Η άπειρη αγάπη
δεν υποδηλώνει βέβαια την έλλειψη πέρατος,
αλλά την απουσία στοιχειώδους σχετικής πείρας.

14

Δεν υπάρχει *πάντα* που να διαρκεί λιγότερο
από εκείνο του έρωτα.

15

Μη μου ζητάς να μην είμαι εγώ, για να με θέλεις.

16

Επιθυμία λέγεται η έλξη που νιώθουμε για μερικά πράγματα, μέχρι τη στιγμή που θα τα αποκτήσουμε.

17

Ο ασφαλέστερος τρόπος για να απαλλαγεί κανείς από τη γοητεία ενός ανθρώπου, είναι να τον γνωρίσει.

18

Ανάμεσα στην απόλυτη μοναξιά και το γάμο, οι περισσότεροι διαλέγουν και τα δύο.

19

Ο γάμος είναι μία αδικαιολόγητη πράξη,
που ακόμη και από την Εκκλησία
χαρακτηρίζεται σαν Μυστήριο.

20

Υπάρχουν δύο είδη αγάπης:
η συμβατική και το μίσος.

21

Μοναξιά που μοιράζεται, διπλασιάζεται.

22

Οι φανατικότεροι υποστηρικτές του γάμου
είναι εκείνοι που τελικά παρέμειναν ανύπαντροι.

23

Ο γάμος είναι ένα βαρύ φορτίο
που θα φαινόταν ελαφρύτερο
αν το σήκωναν περισσότερα από δύο άτομα.

24

Η ποινή της φυλάκισης
ουδέποτε επενεργεί σωφρονιστικά στους ανθρώπους.
Απόδειξη είναι ότι ελάχιστοι διστάζουν να ξαναπαντρευτούν.

25

Το κακό με τους συζύγους που δραπετεύουν τρομαγμένοι
είναι ότι επιστρέφουν πανικόβλητοι.

26

Στα ζευγάρια που ο ένας λειτουργεί σαν αερόστατο,
ο άλλος χρειάζεται να λειτουργεί σαν αλεξίπτωτο.

27
Τα πετυχημένα ζευγάρια
είναι συχνά κοινοπραξίες αποτυχημένων μονάδων.

28
Το χειρότερο απ' όσα πρέπει κανείς να δεχτεί σ' ένα γάμο
είναι πως αποκτά με τον καιρό
τις συνήθειες και το χαρακτήρα του συντρόφου του.

29
Το να γερνάει κανείς ήρεμα πλάι σ' έναν καλό σύντροφο
είναι ο ασφαλέστερος τρόπος για να γεράσει το συντομότερο.

30
Οι μέτριοι έρωτες έχουν θαυμαστή ανθεκτικότητα στο χρόνο.

31

Να εξηγούμαστε:
οι γυναίκες δεν ζητούν ισότητα με τους άντρες,
ζητούν ισότητα με τους *προνομιούχους* άντρες.

32

Μια σχέση φαίνεται εύκολα ανεκτίμητη
αλλά πολύ δύσκολα γίνεται ανεκτή.

33

Μία γυναίκα έρχεται μαζί μας
για τους ίδιους μοναδικούς λόγους
για τους οποίους πηγαίνει και με άλλους.

34

Τα αμοιβαία ψεύδη δεν έχουν εγγυημένη απόδοση,
και οι προηγούμενες διαφυγές μας
δεν εξασφαλίζουν τις μελλοντικές.

35

Η πίστη μου στις γυναίκες
καταρρακώθηκε από εκείνες που πραγματικά βοήθησα
ώστε ν' αποκτήσουν αυτοπεποίθηση.

36

Το πρώτο που μπορούμε να κάνουμε ενάντια στην προδοσία
είναι το να την έχουμε προβλέψει.

37

Απ' όσα θηλυκά με απάτησαν
το μόνο που άξιζε πραγματικά
ήταν η μνήμη μου.

38

Απιστία ονομάζουμε την αδυναμία μας εκείνη
που στους άλλους καταλογίζουμε σαν προδοσία.

39

Λένε πως ο έρωτας περνάει απ' το στομάχι.
Το κακό είναι πως ο έρωτας περνάει,
ενώ το στομάχι μένει.

40

Κανείς δεν μπορεί να γίνει πιο ξένος
από κείνον που κάποτε λογαριάστηκε δικός σου.

41

Προϋπόθεση για να μείνει κανείς πιστός σε κάτι για πάντα
είναι να μην το αποκτήσει ποτέ.

42

Δεν θα είχα αντίρρηση να είμαι πιστός,
αν ήξερα σε τι.

43

Αλίμονο σ' αυτόν που εκ πείρας δεν συνειδητοποιεί
πόσο άχρηστη είναι η πείρα στις ανθρώπινες σχέσεις.

44

Κανένα όνειρο δεν κρατάει για πάντα.
Τα περισσότερα, δυστυχώς, πραγματοποιούνται.

45

Δεν υπάρχει απαιτητικότερη αγάπη
από εκείνη που επιμένει πως δεν μας ζητάει τίποτα.

46

Είναι αστείο να λέει πως αγαπάει τις γυναίκες
κάποιος που φοβάται να νιώσει γυναικεία.

47

Φοβάμαι πως αυτά που ενώνουν δύο ανθρώπους
είναι πιο ασήμαντα κι από εκείνα που τους χωρίζουν.

48

Είναι τρομαχτικό το τι μπορεί κανείς να επενδύσει σε κάποιον
που εκ προοιμίου δεν έχει τίποτε να του δώσει.

49

Θα είμασταν λιγότερο δυστυχείς,
αν γνωρίζαμε τι γλιτώσαμε
από μία ευτυχία που μάς προσπέρασε.

50

Αυτό που είναι παρήγορο με τις χαμένες σχέσεις
είναι η εξοικονόμηση του χρόνου που θα σπαταλούσαμε
αν συνεχίζαμε να τις διατηρούμε.

51

Ο έρωτας είναι μια αλήθεια
ελάχιστα ανθεκτική στις αποκαλύψεις.

52

Ο *Έρως* περιέχει αναγραμματισμένη
και τη χρονική του διάρκεια.

53

Οι μεγάλοι έρωτες δεν επιλέγουν τον επίλογό τους.

54

Τον υπαρκτό έρωτα
μόνο με ανύπαρκτο
τον απατάς αληθινά.

55

Η ισορροπία του κόσμου παίζεται ανάμεσα
σ' αυτούς που εισπράττουν τα πάντα σαν οφειλόμενα
και σε κείνους που τα προσφέρουν σαν να τα χρωστάνε.

56

Την αφή θ' αξιωθεί μόνο εκείνος που αφήνεται.

57

Ο Έρωτας είναι ο θεός που μας αξιώνει να βιώσουμε
περισσότερες από μία ζωές μέσα στη διάρκεια της ζωής μας.

58

Κανένα θαύμα δεν αντέχει
την παραβίαση του μυστηρίου του.

59

Όσο κι αν με λόγια προσεγγίζουμε τον έρωτα,
τον τελευταίο στεναγμό τον έχει πάντα εκείνος.

60

Όσο απλούστερη είναι μία αλήθεια,
τόσο δυσκολότερα αποδεικνύεται.

61

Δεν αρκεί μόνο να επιζητεί κανείς την αλήθεια.
Πρέπει να μπορεί και να την υπομένει.

62

Εκείνος που αγαπάει πραγματικά την αλήθεια
ουδέποτε δηλώνει ότι σιχαίνεται το ψέμα.

63

Τα μεγαλύτερα ψέματα τα δεχόμαστε
εν ονόματι της αλήθειας που θέλουμε να ακούσουμε.

64

Δεν φταίνε πάντα οι άλλοι για τα ψέματα που μάς λένε,
όταν εμείς με τον τρόπο μας έχουμε ναρκοθετήσει
τη δυνατότητα ν' ακούσουμε κάποιες αλήθειες.

65

Υπάρχουν άνθρωποι που αγαπούν την αλήθεια
από καθαρή έλλειψη φαντασίας.

66

Οι περισσότεροι άνθρωποι λένε ψέματα,
επειδή δεν πρόλαβαν να σκεφτούν κάτι καλύτερο.

67

Δεν επιμένω στο να βλέπω την αλήθεια καταπρόσωπο.
Εκτιμώ απεριόριστα και το προφίλ της.

68

Η γνώση μπορεί να τρέφεται από την περιέργεια,
αλλά οφείλει να δοκιμάζει και το επιδόρπιο της αμφιβολίας.

69

Σε θέματα πνευματικής τροφής
πληθαίνουν ολοένα οι αδιάλλακτοι απεργοί πείνας.

70

Η αναγνώριση είναι απαραίτητο δεκανίκι
για κάθε χωλαίνουσα αυτοεκτίμηση.

71

Αυταρχικότητα ονομάζεται η ανάγκη
να επιβάλλουμε στους άλλους τον εαυτό μας,
μόνο και μόνο επειδή δεν πιστεύουμε σ' αυτόν.

72

Η αυτοπεποίθηση βασίζεται συχνά
σε μια οριακή έλλειψη αυτογνωσίας.

73

Αν ευεργετήσετε κάποιον
φροντίστε να το ξεχάσετε το συντομότερο.
Το ίδιο θα κάνει κι εκείνος!

74

Τις περισσότερες φορές
η αγνωμοσύνη δεν είναι παρά ένα σύμπτωμα
απρεπούς ηλιθιότητας.

75

Στην αγνωμοσύνη
έχουν διδακτορικό ακόμη και οι αναλφάβητοι.

76

Φίλος και φρόνηση
κρατούν απόσταση στη φιλοφρόνηση.

77

Ουδέποτε θα ανακαλύπταμε
πόσο ανυπόφορες είναι οι κολακείες,
αν αυτές δεν απευθύνονταν και σε τρίτους.

78

Το σημαντικότερο όφελος
που μπορεί να μας προσφέρει ένα βραβείο,
είναι να συνειδητοποιήσουμε
πόσο ταπεινά είναι τα κίνητρά μας για επιβράβευση.

79

Η επιβράβευση είναι ένα είδος μεθαδόνης
για τους εξαρτημένους της κοινωνικής αναγνώρισης.

80

Ανία
είναι το χαρτόσημο που πληρώνουμε
για το συμβόλαιο μιας ήρεμης ευτυχίας.

81

Τέλεια βαρετός
είναι αυτός που κατάφερε να ισοπεδώσει τις αντιφάσεις του.

82

Ασήμαντος
είναι εκείνος που δεν έχει ούτε ένα αξιόλογο ελάττωμα.

83

Χαίρομαι που όταν πεθάνω θα γίνω «αείμνηστος»,
γιατί προς το παρόν νιώθω αρκετά ξεχασμένος!

84

Ήταν τόσο μόνος,
που κέρδιζε πάντα το νόμισμα
στην κοπή της πρωτοχρονιάτικης πίτας του.

85

Ο μόνος τρόπος να ξεφύγουμε απ' τη νάρκη,
είναι... να την πατήσουμε!

86

Αυτοί που δεν καταλαβαίνουν από αστεία
έχουν σίγουρα πρόβλημα με τη σοβαρότητα.

87

Οι άνθρωποι που δεν έχουν τίποτε να κρύψουν,
είναι πιο βαρετοί και από εκείνους
που δεν έχουν τίποτε να δείξουν.

88

Ας έχουμε στο νου πως το καλό είναι περαστικό στη ζωή,
γι' αυτό και δεν πρέπει να το φοβόμαστε.

89

Το προφανές αποτελεί μιαν ανεξάντλητη πηγή αναφοράς
για όσους αρέσκονται στα επεξηγηματικά σχόλια.

90

Η οικονομία προοδεύει
χάρη στην ολοένα αυξανόμενη ανάγκη μας για το περιττό.

91

Το χρήμα πολλοί εμίσησαν,
τα χρήματα όμως ουδείς.

92

Τα πλούτη πηγαίνουν σε λάθος ανθρώπους,
γι' αυτό κι όταν εμείς τ' αποκτούμε,
μεταμορφωνόμαστε σε λάθος ανθρώπους.

93

Φιλάργυρος
είναι αυτός που για να σώσει μία δεκάρα του,
θα έδινε ένα εκατομμύριο.

94

Είναι φοβερά σπάταλος
ο τρόπος με τον οποίο ένας φιλάργυρος ξοδεύει τον εαυτό του
για τα χρήματα.

95

Το έσχατο όριο της φτώχιας
ονομάζεται απληστία.

96

Αν είστε πραγματικά τσιγκούνης,
φροντίστε να μη σπαταλάτε την τσιγκουνιά σας
σε ασήμαντα πράγματα.

97

Χάθηκε επί των ημερών μας και η ανιδιοτέλεια.
Ο ευρών αμειφθήσεται.

98

Ο φιλάργυρος θέλει οριακά να αποταμιεύσει
όλα όσα ο άπληστος επιθυμεί να καταναλώσει.

99

Έχω μία απόλυτη αδιαφορία για το χρήμα,
όταν αυτό βρίσκεται στην τσέπη μου.

100

Το χρήμα χράται–
κι ο παθός ας το θυμάται.

101

Προτού αποφασίσουμε
να πουλήσουμε την ψυχή μας στο διάβολο,
θα έπρεπε να έχουμε διερευνήσει
αν εκείνος θα την αγόραζε.

102

Οι περισσότεροι άνθρωποι αποκτούν ιδεώδη,
από τη στιγμή που θα πεισθούν για τη χρησιμότητά τους.

103

Το μεγάλο πρόβλημα
είναι αυτοί οι άνθρωποι δίχως προβλήματα.

104

Αν κάτι με τρομάζει με τη βλακεία
είναι που τόσο ενώνει τους ανθρώπους μεταξύ τους.

105

Η anorexia cervosa δεν κάνει διακρίσεις
ανάμεσα σε χοντρούς και αδύνατους.

106

Ηλίθιος χωρίς αυτοπεποίθηση
δεν είναι ποτέ ολοκληρωμένος.

107

Η βλακεία θα ήταν ικανή για ελάχιστα από μόνη της,
αν δεν την χαλύβδωνε το πείσμα.

108

Το κακό με την ηλιθιότητα
είναι ότι μας παρηγορεί χωρίς να μας αποζημιώνει.

109

Ο υπερθετικός βαθμός του *«ανυποψίαστος»*
είναι τελικά *«ανυπεράσπιστος»*.

110

Αν δεν ανεβάσουμε τον πήχυ στην παιδεία,
πώς θα περνούν από κάτω οι σπουδαστές μας
χωρίς να σκύβουν;

111

Η επίδειξη πνεύματος δυσχεραίνει πολύ την απόδειξή του.

112

Πολλοί θα ήθελαν να τους κατέβει κάποια ωραία ιδέα,
αλλά λίγοι μπαίνουν στον κόπο ν' ανέβουν αυτοί
για να τη συναντήσουν.

113

Μερικοί προικίστηκαν με την ευχέρεια να λένε εξυπνάδες,
σαν αποζημίωση της φυσικής τους ανικανότητας να τις κάνουν.

114

Η ηλιθιότης έχει μια ευρηματικότητα
που θα είχε πολλά να διδάξει στην εξυπνάδα.

115

Δεν αρκεί η δουλοπρέπεια για να φτάσει κανείς ψηλά.
Χρειάζεται κι η ανικανότης.

116

Η εμπιστοσύνη στην εξυπνάδα μας
είναι η μητέρα των μεγαλύτερων ανοησιών μας.

117

Όση περισσότερη ευστροφία έχει η γλώσσα,
τόσο περισσότερο παρασύρεται
από τον ίλιγγο των στροφών της.

118

Μην παίζετε με τη σπιρτάδα των λέξεων:
κίνδυνος διαδοχικών αναφλέξεων.

119

Χρειάζεται ιδιαίτερη ευφυΐα
για να αποφεύγει κανείς τις πολλές εξυπνάδες!

120

Το ζητούμενο δεν είναι να έχεις *λέγειν*,
αλλά *ειπείν*.

121

Λατρεύω τις λέξεις που γεννούν εικόνες
και μισώ τις εικόνες που έχουν ανάγκη επεξηγήσεων.

122

Το τραγικό με την περίπτωση των καλλιτεχνών
που δεν έχουν να πουν τίποτα,
είναι ότι ο κόσμος τούς καταλαβαίνει.

123

Ο χιουμορίστας πρέπει να διδάσκεται από τον μουγγό
κι όχι από τον πολυλογά.

124

Το χιούμορ
είναι ένας τρόπος να εμβαθύνεις χωρίς να πολυσκέφτεσαι.

125

Ο δρόμος προς την ευφυολογία
συχνά διασταυρώνεται με αφύλακτες διαβάσεις της ανοησίας.

126

Ο μόνος τρόπος να πει κανείς μια πρωτότυπη εξυπνάδα,
είναι να παραφράσει κάποια που οι άλλοι έχουν ήδη ξεχάσει.

127

Το κακό με όσους επιμένουν να λένε πρωτότυπα πράγματα,
είναι ότι τα επαναλαμβάνουν εξαιρετικά συχνά.

128

Ήταν τόσο φλύαρος που, όταν σώπαινε – πάθαινε λόξιγκα.

129
Η σιωπή είναι ευ-λογία.

130
Η σιωπή κατέχει περισσότερα απ' τις λέξεις,
γιατί έχει αφομοιώσει περισσότερους θανάτους.

131
Κανένα εγκώμιο της σιωπής
δεν είναι καλύτερο από αυτή την ίδια.

132
Τώρα, στα χρόνια της κινητής τηλεφωνίας,
κανείς πια δεν πιστεύει πως η σιωπή είναι χρυσός.

133

Οι συγγραφείς –αντίθετα με τις σουπιές–
χύνουν μελάνι όχι για να εξαφανιστούν,
αλλά για να υποδηλώσουν την παρουσία τους.

134

Ο ασφαλέστερος τρόπος για ν' αγαπήσεις μια δουλειά,
είναι να κάνεις κάποια άλλη.

135

Η δουλειά του κριτικού
συνίσταται στο να εξηγεί πώς θα δούλευε
–αν δούλευε.

136

Χρειάζεται θράσος
για να δηλώνει κανείς διανοούμενος,
όταν δεν έχει διαβάσει
αρκετούς τίτλους βιβλίων.

137
Μην εμβαθύνετε σε ρηχά πράγματα.

138
Οι πετυχημένοι αφορισμοί
αναβαθμίζουν το χιλιοειπωμένο σε πρωτοφανέρωτο.

139
Η καίρια τοποθέτηση μιας τελείας
υποδηλώνει σημαντική ένδειξη ταλέντου.

140
Οι έννοιες
ασφυκτιούν μέσα στις λέξεις,
όπως τα πλάσματα του Θεού στην αιχμαλωσία.

141

Μαθαίνοντας όλο και περισσότερα γράμματα
αγνοούμε όλο και περισσότερες λέξεις.

142

Οι περισσότεροι άνθρωποι σ' αυτό τον κόσμο
είναι θύματα της αγραμματοσύνης τους.
Οι υπόλοιποι είναι θύματα της μόρφωσής τους.

143

Οι συναισθηματικά αγράμματοι
γίνονται πλέον ασυναισθήτως αναρίθμητοι.

144

Οι ταξινομούντες εγκλωβισθήσονται.

145

Στο ζήτημα της διαχείρισης των σκουπιδιών,
η σύγχρονη τέχνη δείχνει ιδιαίτερη επινοητικότητα.

146

Το «μια εικόνα αξίζει χίλιες λέξεις»
το είπε σίγουρα κάποιος φλύαρος τεχνοκριτικός.

147

Το πρόβλημα με τους σύγχρονους ζωγράφους
είναι ότι προτιμούν ν' ακούγεται το όνομά τους
παρά να βλέπεται το έργο τους.

148

Στη ζωγραφική καβαλέτου έχουμε δύο κατηγορίες πινάκων:
τους φορητούς και τους... αφόρητους!

149

Δεν είμαι ενάντιος στην τέχνη που πουλάει,
αλλά σ' εκείνη που πουλιέται!

150

Ονομάζουμε ηθοποιούς κάποιους ανθρώπους του θεάματος,
όπως λέμε Εύξεινο Πόντο τη Μαύρη Θάλασσα!

151

Η σύγχρονη τέχνη καταπολεμά την ασχήμια
διά της ομοιοπαθητικής.

152

Ο όρος «εκφυλισμένη τέχνη»
υπήρξε μεν ναζιστικός, αλλά απεδείχθη και λίγο προφητικός.

153

Ακολουθώντας το παράδειγμα του Ορφέα,
οι σύγχρονοι μουσικοί
μαγεύουν κάθε ζώο που τους περιστοιχίζει.

154

Τα οριακά ελαττώματα
προκύπτουν και από συνδυασμούς προτερημάτων.

155

Το κακό δεν είναι ποτέ τόσο απολαυστικό όσο το ολέθριο.

156

Υπάρχουν άνθρωποι που είναι αυτάρεσκοι
ακόμη και στις αυτοκαταστροφικές τους εκδηλώσεις.

157

Μπορεί να υπάρξει αυτάρεσκη εξυπνάδα,
αλλά ποτέ έξυπνη αυταρέσκεια.

158

Δεν υπάρχει *κοινός νούς*: ο καθένας έχει τον δικό του.

159

Η δημιουργία ορισμένων προβλημάτων γίνεται αναπόφευκτη από τη στιγμή που υπάρχει κάποιος ειδικός για να τα λύνει.

160

Το να ζει κανείς λαθεμένα,
είναι ήδη ένα πολύ καλό ξεκίνημα
για μια καριέρα συμβουλάτορα.

161

Η *διά βίου εκπαίδευση* θα έπρεπε κάποτε
να μας διδάξει και το πώς να ξεμαθαίνουμε.

162

Η σύγχρονη τεχνολογία
παρουσιάζει απεριόριστες δυνατότητες
για όσους θέλουν ν' αποφύγουν τον εαυτό τους.

163

Υπάρχουν άτομα
που ρυπαίνουν τόσο συστηματικά το περιβάλλον,
σαν να θέλουν να το εναρμονίσουν
με τον εσωτερικό τους κόσμο.

164

Αν σκεφθεί κανείς σε τι κοινωνία-μαϊμού ζούμε,
θεωρώ πως η καταγωγή μας από τον πίθηκο
προτείνεται μάλλον σαν τίτλος ευγενείας.

165

Είναι φοβερό το πόσα επαγγέλματα
επινοήθηκαν στην εποχή μας
για να μετριάσουν τις ανησυχίες ή τις φοβίες των ανθρώπων.

166

Ο ψυχίατρος είναι ένα προβληματικό άτομο,
που κατέστησε οικονομικά αποδοτική την πάθησή του.

167

Ζούμε σε μια εποχή νοοτροπίας γυναικολόγου,
όπου προβάλλουμε τη συμβολή μας στους τοκετούς
ενώ θησαυρίζουμε ουσιαστικά με τις εκτρώσεις.

168

Οι καβγάδες είναι σαν τις πλημμύρες.
Κανείς δεν μπορεί να υπολογίσει
τί σκουπίδι θα κατεβάσουν κι από πού.

169

Πριν δώσετε το λόγο της τιμής σας
βεβαιωθείτε ότι έχετε σβήσει προηγουμένως
την τιμή απ' το καρτελάκι.

170
Χυδαιότητα
είναι το να κάνεις τρόπο ζωής
την έλλειψη τρόπων.

171
Οι φανατικότεροι υποστηρικτές της Ηθικής,
προέρχονται από τις τάξεις των ωμότερων παραβατών της.

172
Για να φτάσει κάποιος ψηλά στην ιεραρχία του κλήρου
οφείλει απαραιτήτως να είναι άκληρος.

173
Ράσο λέγεται το μαύρο φλούδι της άκρας υποκρισίας.

174

Κλέφτης
λέγεται ο άνθρωπος εκείνος
που ασκεί παρανόμως τη δουλειά του εφοριακού.

175

Είναι απίστευτο πόσο ξεβολεύονται οι άνθρωποι,
προκειμένου να εξασφαλίσουν
μερικές ακόμη πρόσθετες ανέσεις στη ζωή τους.

176

Οφείλουμε να συγχωρούμε τους συνανθρώπους μας
τουλάχιστον τις φορές που έχουν δίκιο.

177

Αν θέλεις ν' αποκτήσεις κάτι,
φρόντισε πρώτα απ' όλα
να μην ενδιαφέρεσαι γι' αυτό υπερβολικά.

178
Το πρόβλημα με τα μέσα μαζικής ενημέρωσης
είναι ότι ενδιαφέρονται για την ακροαματικότητα
κι όχι για την ακροασιμότητά τους.

179
Η ιδιωτική τηλεόραση, όπως υποδηλώνει και το όνομά της,
στοχεύει στην προβολή και προαγωγή της ιδιωτείας.

180
Ορισμένοι άνθρωποι
γκρινιάζουν όχι επειδή ενοχλούνται με κάτι,
αλλά περισσότερο για να προβάλουν
το κύρος της ενοχλησιμότητάς τους.

181
Πιο φρικιαστική
ακόμη και από τη θεματολογία των σημερινών θεαμάτων
είναι η απάθεια με την οποία τα παρακολουθούμε.

182
Ποιός θα εξημερώσει αυτούς που μάς ενημερώνουν;

183
Τα ευκόλως εννούμενα παραλείπονται,
διότι ελάχιστοι είναι σε θέση να τα καταλάβουν!

184
Μυστικό
λέγεται αυτό που ξέρουν οι πάντες – εκτός από σένα.

185
Μην πιστεύετε στις διαδόσεις των άλλων.
Κυκλοφορείστε μία δική σας.

186
Η ταχύτητα διάδοσης ενός μυστικού
προσδιορίζεται από το βαθμό του απορρήτου του.

187
Ο αποτελεσματικότερος τρόπος να κοινοποιήσεις κάτι,
είναι να το εκμυστηρευτείς.

188
Νομίζουμε ότι στη ζωή μάς δίνεται χρόνος,
ενώ ουσιαστικά πρόκειται για διορία.

189
Χρόνε, φείδου ημών.

190
Ο χρόνος είναι το μεγαλύτερο,
αλλά και το πιο ανασφάλιστο περιουσιακό μας στοιχείο.

191
Μην αναζητείτε το χρόνο· – βρείτε τον!

192
Από τότε που αποκτήσαμε ρολόγια
σίγουρα λιγόστεψε ο διαθέσιμος χρόνος μας.

193

Αυτό που αδυνατούμε να συγχωρήσουμε στις αποτυχίες μας,
είναι το πόσο εύκολα κάποιος άλλος θα τις απέφευγε.

194

Ο δρόμος προς την αποτυχία
είναι στρωμένος με συνταγές επιτυχίας.

195

Προτιμώ τους τυχοδιώκτες –από τους τυχοδιωγμένους.

196

Μερικοί άνθρωποι παγιδεύονται μέσα στην επιτυχία
με τον ίδιο αδιέξοδο τρόπο
που άλλοι βιώνουν την αποτυχία τους.

197

Είναι μεγάλη αποτυχία να μη διδάσκεται κανείς τίποτα
από τις επιτυχίες του.

198
Μοναχικότητα
είναι η διάθεση που μπορούμε να καλλιεργήσουμε
ώστε να ιδιοποιηθούμε τη μοναξιά μας.

199
Μόνο γερνώντας μπορείς να καταλάβεις
τι βάσανα συνεπάγεται ένας προστάτης!

200
Είναι φοβερό να είσαι γέρος,
ιδίως όταν δεν είσαι ηλικιωμένος.

201
Προσδοκώ ανάστασιν νεκρών,
αλλά διατηρώ επιφυλάξεις
για όσους έχουν αποβιώσει πριν το φυσικό τους θάνατο.

202

Ανασφάλεια
λέγεται η επιτακτική ανάγκη μας
να κρύβουμε αυτά ακριβώς που δεν έχουμε.

203

Το κακό με την ανασφάλεια
είναι ότι ζητάει να κλείσει όλα εκείνα τα κενά
που είναι απαραίτητα
για την εύρυθμη λειτουργία της πληρότητας.

204

Οι περισσότεροι άνθρωποι
θλίβονται όχι για κείνο που πραγματικά έχασαν,
αλλά για τον τρόπο και τις συνθήκες
που αυτό πλήγωσε τον εγωισμό τους.

205

Συμφορές και συμφέροντα συχνά συμφύρονται.

206

Μέσα σε κάθε πλεονέκτη
κρύβεται φοβισμένος κι ένας μειονεκτικός ανθρωπάκος.

207

Τα παιδιά σήμερα ακρωτηριάζονται
είτε από βόμβες, είτε από υπερπροστασία.

208

Η αλαζονεία είναι τόσο πιο επικίνδυνη,
όσο περισσότερες αρετές επιστρατεύει για τους σκοπούς της.

209

Προτιμώ κάποιον που κρύβει τη ματαιοδοξία του,
από εκείνον που διαφημίζει την ταπεινότητά του.

210

Σαν αποζημίωση για το πεπερασμένο των αισθήσεων,
ο Θεός μάς εφοδίασε και με κάρτα απεριόριστων διαδρομών
για τις ψευδαισθήσεις μας.

211

Αυτός που αγαπάει πραγματικά τον εαυτό του
μαθαίνει και να του αντιστέκεται.

212

Πολλές φορές ο εγωισμός
γίνεται ο χειρότερος εχθρός της προσωπικότητάς μας.

213

Νιώθω αρκετές τύψεις για πράξεις που αναγνωρίζω
και αβάσταχτες ενοχές για παραλείψεις μου που υποψιάζομαι.

214

Δεν επιζητώ να ξεπεράσω κανένα ζώο μέσα μου.
Να φιλιώσω θέλω μαζί του.

215

Η Αισθητική και η Δημοκρατία είναι δύο μεγάλες αξίες,
στο όνομα των οποίων διαπράττονται ακόμη μεγαλύτερα αίσχη.

216

Δεν ξέρω αν η ιστορία θ' ασχοληθεί κάποτε
με την εποχή ή με την αποχή μας.

217

Πώς μπορεί να προοδεύσει η ανθρωπότητα
όταν υπάρχουν τέτοια χάσματα ανάμεσα στις γενιές της;

218

Η εγκεφαλικότητα είναι η τροχοπέδη της πνευματικότητας.

219

Πουριτανισμός
είναι ο τρόπος με τον οποίο αντιμετωπίζουν τις ηδονές
εκείνοι που δεν πρόλαβαν
–ή δεν μπορούν πια– να τις απολαύσουν.

220

Η τετράγωνη λογική έχει το ιδεώδες σχήμα
ώστε να μπαίνει ευκολότερα σε κουτάκια.

221

Οι ιδέες είναι σαν τις τσιπούρες:
άλλες είναι εκτροφείου και άλλες πελαγίσιες!

222

Παράδεισος με κλειδοκράτορα στην είσοδο
μου φαίνεται λίγο ύποπτος.

223

Ας είναι τα όνειρά μας αντάξια
της ικανότητάς μας να ονειρευόμαστε.

224

Είναι ευκολότερο να γεφυρώσεις ιδεολογίες
παρά να συμφιλιώσεις νοοτροπίες.

225

Τη βασανισμένη γενιά της Αντίστασης
διαδέχθηκε η εφησυχασμένη γενιά της απόστασης.

226

Η ισότητα
είναι κάτι που ενοχλεί το σύμπλεγμα ανωτερότητας
όλων των κατωτέρων ανθρώπων.

227

Στο ελληνικό δημόσιο, η στάση εργασίας είναι στάση ζωής.

228

Οι χαμένες πατρίδες
παίχτηκαν σε συνεννοημένες παρτίδες.

229

Η πιθανότητα εφαρμογής των νόμων
βρίσκεται έξω από το νόμο των πιθανοτήτων.

230

Η νομιμότητα μάς εκδικείται μέσα από τη μετριότητά της
και η μετριότητα μέσα από τη νομιμότητά της.

231

Είναι ανησυχητικό
που δεν υπάρχει ούτε ένας νόμος για να μας προστατεύει
απ' αυτούς που θέλουν το καλό μας.

232

Πώς να είμαστε όλοι ίσοι απέναντι στο νόμο,
όταν οι μισοί προτιμούν να ταυτίζονται μαζί του;

233

Ήρθε καιρός να καταλάβουν επιτέλους οι δικαστές
ότι το *νόμιμον* διαβάζεται και ανάποδα.

234

Η γέννηση του αναρχισμού βρίσκεται πολύ κοντά
στην ανάγκη των δυσαρεστημένων μπουρζουάδων
να καμουφλάρουν το πρόσωπό τους.

235

Η χειρότερη δεσποτεία
ασκείται επάνω μας από εκείνους
που υπηρετούν τις αδυναμίες μας.

236

Οι δημαγωγοί αγωνίζονται να προσεταιριστούν το λαό,
άσχετα με το βαθμό περιφρόνησης που τρέφουν γι' αυτόν.

237

Ο σωσίας του ληστή γίνεται σοσιαλιστής.

238

Κάτι ιδιαίτερα σιχαμερό σε ορισμένους ανθρώπους
είναι η έλλειψη σιχασιάς που έχουν για τον εαυτό τους.

239
Είναι οξύμωρο, σε θέματα ουσίας,
να βρίσκεται εντός η εξουσία.

240
Την εξαθλίωση που δεν μπόρεσε να επιβάλει
καμιά δικτατορία με τις απαγορεύσεις της,
την πέτυχε αβίαστα η δημοκρατία
με την ανεκτικότητά της.

241
Το μέγιστο πλεονέκτημα της δημοκρατίας
είναι που επιδέχεται ποικίλες ερμηνείες.

242
Ξέρω πολλούς αντιμοναρχικούς
που λαχταρούν να φτιάξουν το σπίτι τους παλάτι.

243

Η ελευθερία δόθηκε στον άνθρωπο
για να μπορεί να επιλέγει
εκείνα στα οποία θα σκλαβώνεται.

244

Αυτά που μας απειλούν
είναι συνήθως λιγότερο επικίνδυνα
από εκείνα που μας καθησυχάζουν.

245

Αν η δοκιμασία μιας αρρώστιας
μπορεί να με κάνει καλύτερο άνθρωπο,
φοβάμαι ότι θα πρέπει να περάσω την υπόλοιπη ζωή μου
στην εντατική!

246

Μια διαδικασία φοβερής ισοπέδωσης
μπορεί και να προετοιμάζει
ένα μεγάλο διάδρομο απογείωσης.

247
Σκλάβος
είναι εκείνος που δεν έχει τι να κάνει την ελευθερία του.

248
Οι δικτάτορες είναι γεννημένοι σκλάβοι
που ανέστρεψαν την παθητικότητά τους.

249
Οι αντιδιαμετρικές ιδεολογίες
συναντιούνται πάντα στις μεθόδους
που υιοθετούν για την επιβολή τους.

250
Το αδιέξοδο της πολιτικής συνίσταται
στο ότι οι ιδεολογικές διαφορές περιορίζονται
στους τρόπους προσέγγισης του ίδιου ζητούμενου.

251

Αν έπρεπε να διαλέξουμε
ανάμεσα στο καλό και στο κακό,
νομίζω πως το καλύτερο θα ήταν
ένας συνδυασμός από τις αρετές τους.

252

Ίσως προέκυπτε κάτι καλύτερο
αν μπορούσαμε να δούμε τους άλλους από κοντά
και τον εαυτό μας από μεγαλύτερη απόσταση.

253

Φοβάμαι τους μονόδρομους,
ιδίως εκείνους που οδηγούν στη σωτηρία.

254

Οι κρισιμότερες επιλογές μας
αφορούν όχι τόσο σ' εκείνα που θα κάνουμε,
αλλά σ' εκείνα που συνειδητά αποφασίζουμε
να *μην* κάνουμε.

255

Ο κίνδυνος χρεωκοπίας μιας επανάστασης
ελλοχεύει στο ενδεχόμενο επικράτησής της.

256

Η συντήρηση
διαιωνίζεται μέσα απ' όσα θεσμοθετούν οι επαναστάσεις
που εκάστοτε κατακτούν την εξουσία.

257

Ένας δεξιός που «τα στρίβει»,
μπορεί να είναι λανθάνων αριστερός.
Ένας αριστερός που επίσης «τα στρίβει»,
είναι σίγουρα επιδέξιος.

258

Το ζητούμενο της Γαλλικής Επανάστασης
για περισσότερη Ελευθερία
συνεπαγόταν λιγότερη Ισότητα και καθόλου Αδελφοσύνη.

259
Το ότι η Ιστορία επαναλαμβάνεται
ισχύει μόνο για τα λάθη της.

260
Η αποστασιοποίησή μας από τους αρχαίους,
μάς στέρησε από την αιώνια νεότητά τους.

261
Το παρελθόν είναι ένα επικίνδυνο σημείο αναφοράς,
όταν κάποιος το επικαλείται
χωρίς να το έχει αφομοιώσει.

262
Σήμερα όλοι θέλουν να γράψουν ιστορία,
αλλά κανείς δεν θέλει να τη διαβάσει.

263
Μικρύνετε –ίνα μη κριθείτε.

264
Ο ανθρώπινος πολιτισμός
γεννήθηκε στην Ελλάδα,
όπου και απέθανε.

265
Η προγονολατρεία
είναι μια μορφή νεκροφιλίας
σε διανοητικό επίπεδο.

266
Χρειαζόμαστε ένα σαβουάρ βίβρ και με τους νεκρούς.

267

Κάθε αληθινή πρωτοπορία
οφείλει να ξέρει τι υπάρχει πίσω της.

268

Αλίμονο στον πολιτισμό
που δεν μπορεί να εμπλουτιστεί
από τους γύρω του βαρβάρους.

269

Εκεί όπου δεν υπάρχει μνήμη,
το παρόν δεν έχει μέλλον.

270

Η μνήμη είναι ένα ευαίσθητο δέντρο
που οφείλουμε να το πλησιάζουμε σαν καλλιεργητές
και όχι σαν ξυλοκόποι.

271
Συνήθως κάνουμε κάτι εν ονόματι μιας ιδέας
που αντιστρατεύεται αυτό που κάνουμε.

272
Η απόσταση από το *προχωρώ* στο *προσχωρώ*
είναι μόνο λίγα βήματα πίσω.

273
Αυτοί που κατεβαίνουν υποψήφιοι στις εκλογές,
συνήθως κατεβαίνουν εξαιρετικά χαμηλά.

274
Τα μεγάλα επιτεύγματα
είναι συνήθως αθροίσματα μικροτήτων.

275

Είναι αστείο
με πόσο δογματικό τρόπο υποστηρίζουν κάποιοι
τις ακραία αντιδογματικές θέσεις τους.

276

Οι φανατικοί υποδαυλίζουν
αυτό που διατείνονται ότι υποστηρίζουν.

277

Αν θέλετε να αποδυναμώσετε
μιαν άποψη στην οποία αντιτίθεστε,
υποστηρίξτε την με πάθος.

278

Αλίμονο στην ιδέα
που δεν μπορεί να υποψιαστεί
το ενδεχόμενο αναίρεσής της.

279

ΠΩΛΕΙΤΑΙ ΤΟ ΠΑΡΟΝ.
Το μέλλον, απλώς ενοικιάζεται.

280

Αν ξέραμε πόσο λίγα πράγματα μάς είναι απαραίτητα,
δεν θα ήταν απαραίτητο να ξέρουμε τόσα πολλά πράγματα.

281

Υπάρχει τόσο *λίγο* μέσα στο *πολύ*,
που, αν πραγματικά επιθυμούμε το περισσότερο,
θα πρέπει να το αναζητήσουμε στο λιγότερο.

282

Πολλά πράγματα σ' αυτή τη ζωή θα ήταν απλούστατα,
αν δεν νιώθαμε την υποχρέωση να τα καταλαβαίνουμε.

283

Η απελευθέρωσή μας από κάποιες διεκδικήσεις
είναι ένα καλό βήμα για τη διεκδίκηση της ελευθερίας μας.

284

Ευτυχισμένος είναι όποιος απέκτησε όσα επιθύμησε
και τρισευτυχισμένος εκείνος που τα ξεπέρασε.

285

Η χειρότερη ύβρις προς την ευτυχία
είναι το να τη θεωρούμε δεδομένη.

286

Η ανώτατη κατάκτηση
συνίσταται στην υπέρβαση της επιθυμίας για κατάκτηση.

287

Αλίμονο σ᾽ αυτούς που αποταμιεύουν
σε *έχειν* και όχι σε *είναι*
για τις δοκιμασίες του μέλλοντος.

288

Η πείρα είναι ένα αβάσταχτο φορτίο,
όταν δεν συνοδεύεται από την επιείκεια.

289

Το χειρότερο με τον ανθρώπινο πόνο,
είναι η εξοικείωση που μπορεί κανείς ν' αποκτήσει μαζί του.

290

Πραγματικά ευγενείς είναι εκείνοι
που υποκύπτοντας στη δυστυχία,
ξέρουν ν' αντιστέκονται στην εξαθλίωση.

291

Ο αυτοσαρκασμός είναι κι αυτός ένας τρόπος
για να υπερασπίζεται κανείς την αυτοεκτίμησή του.

292

Πρέπει να μάθει κανείς να βλέπει πολύ καλά,
ώστε να μπορεί και να παραβλέπει.

293

Η αγωνία να εκμεταλλευτούμε
όλο και περισσότερο το χρόνο,
μας εμποδίζει από την ίδια την αξιοποίησή του.

294

Πολλές φορές η αυτοκριτική μας εξαντλείται
σε κάποιες τύψεις γι' αυτά που σκεφτόμαστε,
απαλλάσσοντάς μας απ' τη ντροπή για κείνα που νιώθουμε.

295

Οι πιό επικίνδυνες βεβαιότητες είναι εκείνες
που μας απομονώνουν από τους άλλους ανθρώπους.

296

Ας μάθουμε κάποτε να ξεχωρίζουμε
εκείνο που γυαλίζει, από εκείνο που αστράφτει.

297

Τους περισσότερους ανθρώπους στη ζωή μας
τους χάνουμε επειδή φοβόμαστε μην τους χάσουμε.

298

Για τα μεγαλύτερα λάθη μου βασίστηκα στο μυαλό μου,
και για τα οδυνηρότερα στο ένστικτό μου.

299

Αυτοί που επιμένουν να τονίζουν στους άλλους τα λάθη τους
έχουν στ' αλήθεια πρόβλημα με τα δικά τους.

300

Επινοούμε τόσα άλλοθι για την αλλοτρίωσή μας,
που τελικά οι επιπτώσεις της πληρώνονται από τους άλλους.

301

Ευτυχώς που υπάρχει αυτή η μικρή απόσταση
ανάμεσα στο τραίνο και την αποβάθρα,
για να προειδοποιούμαστε ότι υπάρχει και κάτι κενό
στην καθημερινότητά μας.

302
Άρνηση που δεν έχει αξιωθεί κάποια υπέρβαση,
ενδεχόμενα αυτοπεριορίζεται σ' ένα μικρόψυχο φθόνο.

303
Η σταθερότητα πλεύσης στο σύντομο ταξίδι της ζωής μας
δεν εξαρτάται από το *εκτόπισμα*
αλλά από το *εντόπισμα* της ύπαρξής μας.

304
Χαμένοι πραγματικά είναι μόνο όσοι δεν έδωσαν
ή όσοι λυπούνται για κείνα που κάποτε χάρισαν.

305
Αν δεν επιλέξεις να γίνεις ο εαυτός σου,
μπορεί εύκολα να καταντήσεις *κάποιος άλλος.*

306

Συχνά συμβαίνει η εσωστρέφεια
να μην είναι παρά το ψευδώνυμο
ενός μπλοκαρισμένου αυθορμητισμού.

307

Έχουμε όλοι ένα μηχανισμό ενστικτώδους σοφίας,
που διαχωρίζει εκείνα που προτιμάμε
από εκείνα που εκτιμάμε.

308

Μέσα από το *ελεύσομαι* και το *θα*
η ελευθερία ξεκαθαρίζει και ετυμολογικά
το ασύμπτωτο της σχέσης της μαζί μας.

309

Ο αναγκαστικός αποχωρισμός από μια συνήθεια
που δεν μας πρόσφερε την παραμικρή χαρά
είναι συχνά το ίδιο δυσβάστακτος
όσο το τέλος ενός ονείρου.

310

Δύσκολα δεχόμαστε τη μετριότητα
κι ακόμη δυσκολότερα την αποχωριζόμαστε.

311

Η δυσπιστία που καλλιεργούμε
σαν προφύλαξη ενάντια στις μεγάλες απογοητεύσεις,
μάς στερεί παράλληλα τη δυνατότητα
να υποδεχτούμε με εμπιστοσύνη τις χαρές μας.

312

Ευτυχώς που υπάρχει και το απραγματοποίητο,
για να το μυθοποιούμε
όταν δεν μπορούμε ν' αντέξουμε
την απομυθοποίηση της πραγματικότητας.

313

Δεν θα είχα προκαταλήψεις
ως προς τη γοητεία του απραγματοποίητου,
αν αυτή δεν αντιστρατευόταν
τη μαγεία της πραγματικότητας.

314

Αφήστε και λίγο τόπο στη ζωή σας
για την ουτοπία.

315

Έτσι και μας συμβεί ένα θαύμα,
νιώθουμε πως η ζωή μάς το χρωστούσε.

316

Αυτοί που εμβαθύνουν στην περιοδικότητα των φαινομένων,
οφείλουν να είναι αρκετά υποψιασμένοι
και για την περιοδικότητα του πρωτοφανούς.

317

Πίστη που καταφεύγει στα δεκανίκια της νόησης
δεν μπορεί ποτέ να είναι αποκαλυπτική.

318

Θεέ μου, συγχώρησε την αδιαλλαξία,
ακόμη κι εκείνη των μαρτύρων που πέθαναν στ' όνομά σου.

319

Τι νόημα έχει να πιστεύουμε στο Θεό,
όταν εχθρευόμαστε τα πλάσματά του;

320

Ο *Φόβος*
είναι δορυφόρος του πλανήτη *Άγνοια.*

321

Ο φόβος του φόβου μού προκαλεί πανικό.

322

Το πραγματικό ανάστημα του ανθρώπου
δεν μετράει στο βάθρο –αλλά στο βάραθρο.

323

Ξοδεύουμε κάποια χρόνια
μέχρι να ξεκαθαρίσουμε τι θέλουμε,
και μια ζωή μέχρι να μάθουμε τι *δεν* θέλουμε.

324

Η ζωή είναι μία ματαιότητα γεμάτη στόχους.

325
Υπάρχουν άνθρωποι
που τρέμουν την ενδεχόμενη ταπείνωσή τους,
ενώ αδιαμαρτύρητα αποδέχονται
τον καθημερινό εξευτελισμό τους.

326
Προτιμώ να αισθάνομαι ελεύθερος μέσα στη φυλακή μου,
παρά φυλακισμένος μέσα στην ελευθερία μου.

327
Η ζωή μάς φαίνεται εξαιρετικά σύντομη
όταν συνειδητοποιούμε πόσο λίγες στιγμές ζήσαμε.

328
Υπάρχουν τόσες απόψεις
γύρω απ' το νόημα της σύντομης ζωής μας,
που θα ήταν απώλεια χρόνου
να μην υιοθετήσουμε τις αντιφατικότερες.

329
Ανάμεσα στο *όχι ακόμη* και το *όχι πια*
μεσολαβεί κάτι ελάχιστο: η ζωή μας.

330
Μόνο ο θάνατος
αποκαλύπτει πόσο η ζωή μας θα έμενε
–ούτως ή άλλως– μια αρρύθμιστη εκκρεμότητα.

331
Τα πάντα έρχονται στην ώρα τους
και κανείς δεν μπορεί να εξασφαλίσει τη σύμπτωσή τους
με τη δικιά μας ώρα.

332
Μην επενδύετε και πολύ στο μέλλον,
μιας και το συγκεκριμένο παρόν
δεν ήταν παρά το κοντινό μέλλον του παρελθόντος μας.

333

Είναι απίστευτο πόσο τα προβλήματα της ζωής
ξεστρατίζουν το νου μας από το πρόβλημα της ζωής.

334

Χρειάζεται να περάσει κανείς από σκληρή αυτοκριτική,
για να μπορέσει να δει κάποτε τους ανθρώπους με επιείκεια.

335

Το πρώτο βήμα προς την αιωνιότητα
είναι το ξεπέρασμα της μικρόψυχης αγωνίας μας
για την καθημερινότητα.

336

Τα επιτεύγματα που καταξιώνουν τον άνθρωπο
είναι μόνο εκείνα που υπερβαίνουν το εγώ του.

337

Αυτά που μάς ανήκουν πραγματικά
είναι αυτά που θα μείνουν
όταν εμείς θα έχουμε παρέλθει.

338

Ακόμη κι ο *Δίας*
χρειάστηκε κάποιους αιώνες
ώστε από *Κεραύνιος* να γίνει *Μειλίχιος*.

339

Μάθε, καθώς μεγαλώνεις,
πως μόνο λιγοστεύοντας
μπορείς να πλησιάσεις το άπειρο.

340

Αιωνία η μνήμη αυτών που ήδη ξεχάσαμε.